Bonne fête, mouton !

Avec le soutien de la Province de Liège et de la Fédération Wallonie-Bruxelles

Les Éditions de la Province de Liège
Boulevard de la Sauvenière, 77
4000 Liège (Belgique)
Tél. : + 32 (0)4 237 30 80
Courriel : info@edplg.be
www.edplg.be

Imprimé en Belgique
Publié avec l'appui du CELES

D/2016/13.530/4
ISBN : 978-2-39010-031-7

Bonne fête, mouton !

Histoire écrite par Luc Baba
et illustrée par Marion Dionnet

Ce matin, Ahmed et Arthur ont eu une grande conversation. Parce que, quand Arthur a dit « à demain », Ahmed a répondu « non ».

– *Non, il a dit. Demain, je ne viens pas. Chez nous, c'est l'aïd.*

– *La quoi ?*

– *La fête du mouton.*

– *Coooooool ! Tous les Arabes ils fêtent le mouton ?*

– *Non, seulement les musulmans.*

– *Et vous leur offrez des trucs ?*

Ahmed a regardé Arthur comme s'il avait la tête tordue dans tous les sens.

– *Ben non,* il a dit en haussant les épaules. *On en tue un puis on le mange.*

– *Tous les Arabes ils tuent un mouton et puis ils le mangent ?*

– *Non, seulement les musulmans.*

– *Mais c'est dégueulasse !*

Ahmed a pris un petit air fatigué, et il a haussé les épaules encore plus haut.

– *Tu voudrais quand même pas qu'on le mange vivant !*

école communale

C'est comme ça que les disputes commencent. On trouve que l'autre est trop bête, et on lui parle comme s'il était une bête mouche.

– *On ne peut pas tuer les moutons !* a crié Arthur. *Je le dirai !*

– *Dis-le à qui tu veux, mon père il va quand même le tuer.*

– *Et pourquoi vous choisissez pas plutôt une poule ou un cochon ?*

– *La poule, on peut si on est pauvre, mais le cochon, on ne peut pas, c'est trop interdit.*

– *Mais oui mais les moutons ils n'ont rien fait de mal, et c'est doux comme un agneau, et en plus c'est ce que je compte pour m'endormir. Et d'abord, si vous ne tuez pas le cochon, pourquoi vous ne dites pas : « C'est la fête du cochon. »*

Là, Ahmed a fait une tête qui ne sait plus quoi répondre, alors il s'est fâché avec de grands gestes.

– *Oh, tu m'énerves à jamais rien comprendre !*

Et il est parti. Et pendant qu'il partait, Arthur a dit entre ses dents :

– *Ça se passera pas comme ça, je le jure de mon vivant.*

En trois secondes, il a fait un plan de fou dans sa tête, et le soir même, il appelait les autres pour qu'ils l'aident à libérer le mouton. Ils l'enlèveraient dans le jardin d'Ahmed pour le conduire au milieu de la forêt, où il pourrait manger la pelouse librement. De toute façon, des loups, il n'y en a plus, ça ne ferait pas un mouton de monsieur Seguin.

Les autres, c'étaient Antoine et Julien. Antoine est très gros, très costaud. Il est comme l'éléphant qui a peur des souris, avec un cœur géant, alors tout le monde l'aime bien, sauf les méchants. Et les moutons, il connaît, vu que son père en élève dans un village voisin.

Il y a un seul méchant qui aime bien Antoine, c'est Julien, mais c'est un méchant bizarre, maigre et petit. Il fait des choses très cruelles pour rigoler, et si personne ne rit, il dit « pardon, je n'ai pas voulu le faire exprès. » Et quand quelqu'un pleure, il pleure avec lui. Arthur, il est normal mais pas du tout costaud. Il se fâche dès que ce n'est pas juste. Alors sa maman lui dit : « Arrête un peu de rââââler ! » Mais non, il continue.

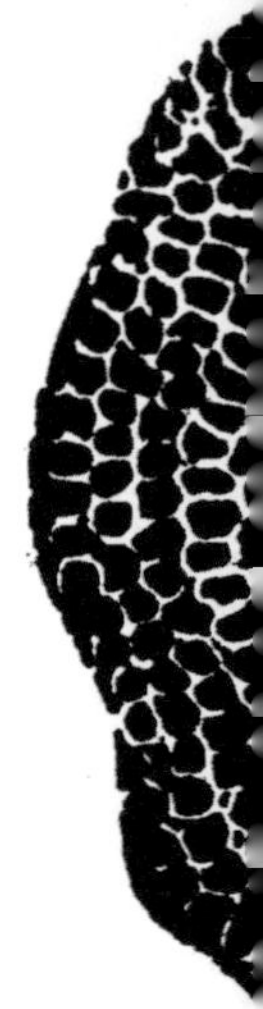

Donc, le lendemain, dans la cour, ils se sont retrouvés sous le platane, Arthur avec une petite paire de ciseaux pour couper la corde du mouton, Antoine avec une photo de loup pour le faire s'enfuir du jardin, et Julien avec un spray anti-moustiques pour asperger ceux qui se mettraient sur leur chemin.

Pendant la récréation, ils ont fait les cent pas devant la grille de l'école, et ils ont réussi à sortir sans être vus, à courir sans trébucher, à traverser le quartier sans avoir peur, jusqu'à la rue d'Ahmed, qui donne sur un chantier, puis un pré, puis le bois de la liberté tout au bout. Ils se sont faufilés entre deux garages et quelques ronces jusqu'à se trouver au dos d'une clôture de bois.

– *C'est là ! a dit Arthur.*

Mais Antoine a grimacé.

– *Super. Comment on passe ?*

– *On escalade.*

Ils l'ont fait. Ils ont escaladé, courte-échelle et jurons.

– *Aide-moi ! Pousse ton genou ! T'es lourd, Antoine, dégage ton bide ! Oh, moucheron, fais pas ton malin, aïe, merde !*

CHEZ PA

Et là-dessus, ils se sont retrouvés nez à nez avec le mouton d'Ahmed, dans son jardin. Le mouton les a dévisagés bizarrement. Il n'était pas attaché, il mâchait du pain sec, et des petits rubans de couleur lui décoraient la tête.

Les trois copains ont regardé le mouton, la clôture, le mouton, la clôture à nouveau.

– *Ça saute bien, normalement, un mouton, a bredouillé Arthur.*

– *Ouais,* a dit Julien en se frottant les genoux griffés, *mais à mon avis, celui-là, c'est pas un mouton de compétition.*

Ils lui ont montré la photo du loup, et il a voulu la manger !

Antoine a replié la photo, avant de conclure :

– *Il est vraiment très con, je crois. Faudrait lui piquer le cul avec une aiguille.*

– *J'ai les ciseaux !* s'est écrié Arthur, victorieux.

Pendant que Julien expliquait à l'animal qu'ils allaient lui faire mal pour son bien, un homme a surgi dans le jardin, en criant un mélange d'arabe et de français, tout secoué de partout dans son beau costume. Les copains essayaient de se cacher l'un derrière l'autre quand ils ont vu Ahmed courir jusqu'aux jambes de l'homme, en criant à son tour :

– *Papa, c'est mes potes ! C'est mes potes !*

Dix secondes plus tard, ils se retrouvaient assis dans un trop grand divan de cuir, épaule contre épaule, lèvres tremblantes, à devoir expliquer leur venue.

Ahmed, il rigolait, visant tour à tour les gros yeux de grand chef de son père, et les petits yeux perdus de ses amis.

– *Nous on voulait voir le mouton, a risqué Antoine.*

Et Julien d'ajouter, montrant le flacon d'insecticide :

– *Même que j'avais pris ça pour le désinfecter !*

Mais Arthur, comme toujours, a joué au héros :

– *On voulait le voir une dernière fois avant que vous ne l'assassiniez !*

Du monde est arrivé à ce moment-là, jeunes et vieux, tous à la fête et bien vêtus. Et pendant qu'ils s'unissaient autour du divan, le père a grondé :

– *Voilà trois petits voyous qui voulaient voler le mouton !*

– *C'était pour le sauver.*

– *Ah, le sauver ! Imagine tu vas au fastfood et là on te dit non il y a plus de hamburgers parce que le père d'Ahmed il a sauvé le bœuf ! Tu dis quoi ? Tu dis c'est rien donnez-moi la feuille de laitue ?*

– *Ben non.*

– *Ah !*

– *Tu leur fais peur,* a soufflé une femme aux grands yeux en s'asseyant à côté d'Antoine qui s'est mis à rougir et à se tortiller.

– *Non,* a murmuré Julien. *On n'a même pas peur, d'abord. On trouve qu'égorger un mouton, c'est nul.*

Tout le monde s'est mis à rire, sauf un vieil oncle qui proposait qu'on les jette à la rue, et lançait des phrases en arabe qui ne devaient pas signifier « oh, comme ils sont mignons. »

La femme aux grands yeux s'est penchée un petit peu, pas trop, pour ne pas qu'Antoine s'évanouisse, et elle a raconté d'une très belle voix qui a fait taire tout le monde :

– *Abraham voulait sacrifier son fils pour Dieu, et Dieu, au dernier moment, il a remplacé le fils par un mouton, parce que sacrifier un enfant pour lui, non, on ne peut pas.*

L'oncle du fond a reparlé en arabe, et le père s'est tourné vers lui pour se fâcher :

– *Tu n'as pas écouté le sermon, alors, ah…*

Et ils se sont disputés, mais pas très longtemps, parce que l'histoire n'était pas finie.

– *Si Dieu n'était pas intervenu,* a poursuivi la conteuse, *aujourd'hui, on conduirait Ahmed à l'abattoir.*

Ils ont sursauté, une nouvelle dispute a commencé, et c'est le père qui a demandé le silence. Pendant qu'il prenait une grande respiration, Arthur a dit :

– *De toute façon moi je trouve que Dieu ça n'existe pas et que même, c'est pas parce qu'on raconte une histoire qu'il faut tuer le mouton.*

– *Tu as raison,* a dit un vieil homme, qui s'était jusque-là contenté de rire dans sa barbe.

– *Ben non,* a dit Ahmed. *C'est pas eux qui vont décider ce qu'on peut faire.*

– *Tu as raison,* a répété le vieux.

Et Julien de se moquer de lui en répliquant :

– *C'est pas possible qu'ils aient raison tous les deux, je vous signale.*

– *Tu as raison.*

Là, le vieux s'est assis, laissant qui le souhaitait le prendre pour un fou.

Le père a repris une grande respiration, mais la femme aux grands yeux qui font rougir a posé, avant qu'il parle, quelques questions bizarres :

– *Quand tu manges le hamburger, est-ce que tu demandes pardon à la vache, est-ce que tu gardes un tiers de la viande pour les pauvres comme on fait avec le mouton, et un tiers pour tes amis et tes voisins ? Est-ce que tu prépares des gâteaux pour les gens à qui tu dois demander pardon aussi, pour les disputes et les méchantes pensées ?*

Ils l'ont regardée tous les trois avec la même envie de s'enfuir, et le père a expliqué qu'elle exagérait un peu, là, que ça faisait un temps qu'ils n'avaient plus donné un tiers aux pauvres.

– *Et les Vandermoulen…*

– *Meulen. Les Vandermeulen.*

– *Eh, on leur a donné l'année dernière. Est-ce qu'ils sont riches ? Non, ils sont pauvres.*

Julien, tremblant encore, mais courageux, s'est levé en disant :

– *Bon, nous on va rentrer, maintenant. On aura essayé. Mais je trouve que c'est pas juste. Allez, venez, vous deux.*

Ils ont traversé la famille jusqu'à la porte d'entrée, mais la femme aux yeux trop grands les a rappelés, les bras lourds de gâteaux au miel.

– *Tenez, et revenez quand vous voulez, puisque vous êtes les amis de mon fils.*

– *On n'est plus ses am…* a commencé Antoine, interrompu par un coup de coude de Julien au milieu du ventre.

– *Merci, madame. Ciao ! Au revoir. Excusez-nous.*

– *Attendez !* a lancé Ahmed en les rejoignant. *C'est pas juste que vous ne soyez plus mes amis, moi je trouve. Tout ça pour une fête.*

– *Bon. On sera encore copains, si tu veux,* a proposé Arthur.

– *C'est pas la même chose ?*

– *Si. Mais en tout petit peu moins important.*

– *Je suis pas d'accord.*

Ils ont réfléchi en même temps, avec des petits bruits de bouche et les doigts qui s'agitent.

– *Bon, on reste amis. Toute façon, être amis, ça se décide pas. On est ou on n'est pas, je trouve. Alors salut mon pote !*

Ils se sont tapé dans la main, puis ils sont partis comme ça, face au soleil et face au vent, silencieux, avec un peu envie de rire, un peu envie de pleurer.

Il avaient à peine marché cent pas qu'un klaxon les faisait sursauter. C'était le vieil homme, celui qui donnait raison à tout le monde. Il a crié joyeusement :

– *Je vais vous ramener à l'école ! Montez !*

En chemin, il a ri encore, en expliquant que ce n'était pas bien de voler, mais qu'ils étaient pardonnés. Là, jetant un regard vif à Antoine, il a dit :

– *Nous, on l'a acheté à ton papa, le mouton. On l'a payé. Tu comprends ? Il est gentil, ton papa. Il nous l'a vendu pas très cher, et c'est lui qui va s'occuper de la découpe.*

Antoine a précipité ses paumes devant sa bouche, les joues soudain gonflées. Ce n'était plus le moment de lui donner un coup de coude. Son papa ! Son papa à lui avait vendu le mouton pour que des gens le mangent en petits morçeaux ! Son ventre a tenu bon, et respiré très fort en sortant de la voiture.

Quand ils ont débarqué dans la cour, l'ambiance « série policière » qui régnait entre les murs les a rendus très fiers. On ne parlait que d'eux, tout le monde s'inquiétait, et peut-être qu'ils passeraient à la télé ! Ils ont regardé l'arme à la ceinture de l'agent, qui s'ennuyait, qui savait que tout cela n'était pas bien grave, d'autant que des petits avaient cafeté. « On les a vus, ils sont partis en courant ! ».

Le vieux s'est poussé au-devant d'eux, alignant des révérences.

– *Ce sont de braves enfants, ils croyaient qu'Ahmed était malade et presque mort, et ils voulaient l'aider.*

L'instituteur souriait à l'envers, répétant *oui, oui, d'accord,* sans chercher à comprendre.

– *Quand même, nous nous sommes inquiétés.*

école communale

Tout est rentré dans l'ordre, et la journée s'est écoulée le plus normalement du monde, avec une engueulade magistrale, le soir, en guise d'apéritif.

Arthur n'avait plus faim. Il a regardé sa côte de porc et les haricots, sans décoller les mains de ses genoux.

– *Mange, maintenant,* a dit sa mère. *Tu n'as aucune raison de faire la tête.*

– *Je ne fais pas la tête.*

Il a fini par empoigner les couverts, et, plantant son couteau dans la viande, il a dit pardon entre ses dents.

– *Qu'as-tu dit?*

– *Pardon.*

– *Ecoute, c'est bon pour cette fois, mais…*

– *Je te parle pas à toi !*

– *Qu'as-tu dit ?*

– *Rien, je me comprends.*

Pour aller plus loin…

Les personnages

Ahmed : il est le personnage principal de l'histoire, c'est un jeune garçon musulman qui va à l'école. Ses amis sont **Arthur, Antoine et Julien**.

Le papa d'Ahmed
La maman d'Ahmed
L'oncle d'Ahmed
Le vieillard
La maman d'Arthur
Le policier
L'instituteur

Monsieur Seguin

Dans le texte, on parle d'un certain monsieur Seguin. Il s'agit d'une nouvelle d'Alphonse Daudet : « La chèvre de monsieur Seguin ». Monsieur Seguin avait 6 chèvres mais celles-ci, assoiffées de liberté, se sont enfuies toutes dans la montagne et ont été mangées par le loup. Monsieur Seguin adopta alors une septième chèvre, Blanquette, qu'il prit toute jeune pour l'habituer à son enclos. Il eut beau la couvrir d'amour et l'attacher avec une corde très longue pour qu'elle puisse se déplacer à son aise, Blanquette rêvait quand même de partir dans la montagne. Elle s'enfuit un jour et se sentit tellement libre qu'elle refusa de rentrer lorsque monsieur Seguin la rappela. C'est alors que le loup arriva, Blanquette combattit courageusement toute la nuit, mais, au petit matin, le loup la mangea.

Arthur, Antoine et Julien veulent enlever le mouton d'Ahmed pour l'emmener dans la forêt. Là, il ne sera pas tué par le papa d'Ahmed et il n'y aura pas de loup pour le manger, à la différence de la chèvre de monsieur Seguin.

Les arabes et les musulmans

Il faut faire attention à ne pas confondre les « Arabes » et les « musulmans ». Les Arabes sont les gens qui viennent d'Arabie. C'est un grand pays du Moyen-Orient, il se situe entre l'Afrique et l'Asie. Par contre, quand on parle de « musulmans », il ne s'agit plus de personnes venant d'un pays en particulier mais de personnes qui pratiquent la religion islamique, aussi appelée Islam. Leur Dieu s'appelle Allah. On peut donc être « Arabe » et « musulman » à la fois ou « Belge » et « musulman ». Mais il existe aussi des « Arabes juifs », « chrétiens »…

La fête du mouton (aïd)

Abraham était un des grands prophètes de la religion islamique. Pour montrer sa soumission totale à Dieu, Abraham avait accepté de sacrifier son fils à Dieu mais, au dernier moment, Dieu remplaça le garçon par un mouton car tuer un enfant est un crime horrible. Lors de l'aïd, les familles musulmanes commémorent donc cette histoire en sacrifiant un animal (souvent un mouton) à Dieu. Une fois l'animal sacrifié selon les règles de la religion musulmane, les familles et les amis se réunissent pour manger la viande et offrent même une part aux personnes plus démunies.

Une religion, c'est quoi ?

C'est un système de croyances et de pratiques que partage un groupe de personnes. Il existe plusieurs religions, comme la religion catholique, juive, musulmane, orthodoxe, etc. Toutes sont fondées sur un principe commun : chercher des réponses aux questions fondamentales de l'humanité en considérant qu'il existe un être supérieur. Chaque religion prône l'amour et l'entre-aide, mais présente différentes règles et différents interdits.

Arthur, Antoine et Julien, qui ne sont pas musulmans, ne comprennent pas la fête du mouton, ils pensent qu'Ahmed et sa famille sont cruels. Après leur avoir parlé, ils se rendent compte de leur erreur : la famille d'Ahmed ne fait pas souffrir le mouton, ne gaspille pas et partage avec les pauvres. Lorsqu'Arthur voit le cochon dans son assiette pour son souper, il lui demande pardon.